Bibliografische Information der Deutschen Nationalbibliothek:

Die Deutsche Nationalbibliothek verzeichnet diese Publikation
in der Deutschen Nationalbibliografie.
Detaillierte bibliografische Daten sind im Internet
über http://dnb.d-nb.de abrufbar.

12 14 16 15 13

Ravensburger Leserabe
Diese Ausgabe enthält die Bände
„Dinosauriergeschichten" von Claudia Ondracek
mit Illustrationen von Anja Rieger und
„Eine Falle für den T-Rex" von Martin Klein
mit Illustrationen von Jörg Hartmann
© 2005, 2014 Ravensburger Verlag GmbH

© 2017 Ravensburger Verlag GmbH
Postfach 24 60, 88194 Ravensburg
für die vorliegende Ausgabe

Umschlagbild: Jörg Hartmann
Konzeption Leserätsel: Dr. Birgitta Redding-Korn
Gestaltung und Satz: bieberbooks
Design Leserätsel: Sabine Reddig

Printed in Germany
ISBN 978-3-473-36514-2

ravensburger.com
www.leserabe.de

1. Lesestufe

Claudia Ondracek und Martin Klein

Dinoabenteuer
für Erstleser

Mit Bildern von Anja Rieger
und Jörg Hartmann

Ravensburger

Inhalt

Claudia Ondracek

Dinosauriergeschichten

Mit Bildern von Anja Rieger

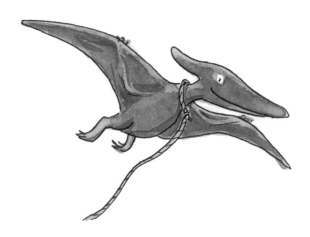

Inhalt

Nichts wie weg!

Lea trägt Gummi-Dino
durch das Museum.

Überall hängen Bilder von Dinosauriern.
Riesige Skelette stehen herum.
Alte Knochen und Schädel
liegen hinter Glas.

„Hier bleibe ich",

murmelt Gummi-Dino begeistert.

„Die sehen so aus wie ich.

Das ist meine Familie!"

Lea setzt sich auf eine Bank.

Gummi-Dino sitzt neben ihr.

Plötzlich ruft Leas Mama.
Lea läuft zu ihr.

„Nichts wie weg",
denkt Gummi-Dino und versteckt sich.
Gerade noch rechtzeitig!

14

Denn schon kommt Lea ihn suchen.
„Gummi-Dino, wo bist du nur?",
hört er sie rufen. „Wir gehen!"

Aber Gummi-Dino rührt sich nicht.
Er will hier bleiben!

Das Museum leert sich.
Die Lichter gehen aus.
Es wird still …

… aber nicht lange!
Plötzlich klappert es.
Gummi-Dino kriecht hervor.

Das Riesenskelett bewegt sich.

„Hallo, Langhals", ruft Gummi-Dino.

„Bist du mein Papa?"

Der lange Hals kommt näher.

„Papa? Von dir Wurm?

Nie und nimmer!"

Gummi-Dino wandert weiter.

Überall knackt und knistert es.

Dinosaurier klettern aus den Bildern.

Es herrscht ein wildes Treiben.

„Du gehörst zu meiner Familie",
sagt Gummi-Dino plötzlich.
„Solche Zähne habe ich auch!"

„Hau bloß ab",
faucht der Raubsaurier.
„Sonst fresse ich dich!"

Schnell rennt Gummi-Dino weiter.

Wieso sind alle nur so unfreundlich?

„Was für ein komischer Stachel-Dino
bist du denn?",
kichert da ein Kopf neben ihm.

20

Von allen Seiten kommen
Dinosaurier auf ihn zu.
„Was willst du hier?", fauchen sie.

Gummi-Dino schaut sich verzweifelt um.
Erkennt ihn denn niemand?
Er ist doch einer von ihnen!

Von dem hat er den langen Hals.

Brachiosaurus

Von dem den Kopf mit den Zähnen.

Tyrannosaurus

Von dem die Stacheln.

Stegosaurus

Aber keiner sieht so aus wie er.

Er hat von allen etwas.

„Du bist keiner von uns",
donnert das Riesenskelett.
„Verschwinde!"

Der Raubsaurier reißt sein Maul auf.
„Nur weg hier", denkt Gummi-Dino.

Da geht plötzlich das Licht an.
Die Dinosaurier klettern wieder
in ihre Bilder, das Skelett erstarrt.
Der Spuk ist vorbei.
Die ersten Besucher kommen.

24

Gummi-Dino atmet erleichtert auf.

Er will nur weg hier.

Da greift eine Hand nach ihm.

„Da bist du ja", ruft Lea glücklich.

„Endlich habe ich dich gefunden!"

„Ja, zum Glück", denkt Gummi-Dino.

Dickköpfe

Jan und Anna klettern
im alten Steinbruch herum.

Sie haben schon
toll glänzende Steine gefunden –
sogar einen mit Versteinerung.

„Das war mal eine Schnecke",
sagt Anna. „Die ist
viele viele tausend Jahre alt!"

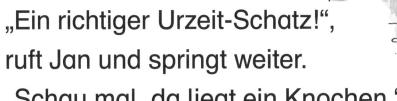

„Ein richtiger Urzeit-Schatz!",
ruft Jan und springt weiter.
„Schau mal, da liegt ein Knochen."

„Vielleicht ist der ja auch
so alt wie die Schnecke",
murmelt Anna aufgeregt.

„Glaubst du?", fragt Jan
mit großen Augen.
„Komm, wir fragen Opa!"

Opa weiß nämlich fast alles.
Er war mal Tierforscher
und hat Regale voller Bücher.

Er schaut sich den Knochen genau an.
„Unfassbar", ruft Opa begeistert.
„Ihr habt den Knochen gefunden.
Den suche ich schon seit Wochen!"

„Wieso denn?", fragen Jan und Anna.

„Kommt mal mit", meint Opa
und führt die beiden in den Keller.

Genau zu der Tür,
die immer verschlossen ist.
Die Tür zu Opas Geheimnis!

„Was soll das denn sein?",
murmelt Jan erstaunt.

Opa legt den Knochen
vorsichtig zu den anderen.
„Er passt", murmelt er.
„Endlich ist der Dino vollständig!"

„Was, der Knochenhaufen da
soll ein Dino sein?", fragt Anna.

„Ja, ein Dickkopf-Dinosaurier",
erklärt Opa und strahlt.
„Die ersten Knochen habe ich
zufällig gefunden –
und seitdem suche ich!"

32

Er malt mit Kreide eine Linie
um die Knochen.
Die Kinder staunen.
Jetzt sehen die Knochen
wirklich wie ein Dino aus.

„Und wieso heißen die
Dickkopf-Dinos?", fragt Jan.

Opa holt ein dickes Buch.
„Dinosaurier – Tiere der Urzeit"
steht darauf.

„Die heißen so,
weil sie sich mit ihren Dickschädeln
beim Kämpfen gerammt haben",
erklärt Opa und zeigt auf ein Bild.

„Wir vier werden jetzt berühmt",
sagt Opa dann.
„Wir vier?", fragt Anna.

„Wir drei, weil wir die Knochen
im Steinbruch entdeckt haben",
meint Opa und lacht.

Dann zeigt er auf die Knochen.
„Und er, weil er
das erste vollständige Skelett
eines Dickkopf-Dinos ist.
Eine richtige Sensation!"

Der Saurier-Drache

„A…auf d…dem Klo
sitzt ein Ungeheuer",
stammelt Moritz kreidebleich.
Juri starrt ihm verdattert hinterher.

Langsam öffnet er die Tür.
Schluchzt da nicht jemand?
Juri schleicht zum letzten Klo.

Die Tür quietscht.

Erst sieht Juri nur einen Schatten.

Tränen tropfen auf den Boden.

Juri schaut hoch –

und hält die Luft an.

Da sitzt ein grünes Wesen mit Flügeln.

„Ptera mein Name", sagt der Grüne.

„Aus der Gattung der Flugsaurier."

„Flugsaurier?"

Juri starrt den Grünen an.

„Die sind doch längst ausgestorben!"

40

„Auf der Erde ja", meint der Grüne,
„aber nicht auf Nodon,
einem fernen Planeten!
Ich wollte unbedingt mal hierher,
um mir alles anzuschauen.

Aber jeder rennt weg vor mir.
Dabei tue ich keiner Fliege was!"

„Na ja", murmelt Juri.

„Du siehst halt unheimlich aus!"

„Du für mich auch", schluchzt Ptera
und flattert mit seinen Flügeln.
Juri geht schnell in Deckung.
„Wow, machst du einen Wind!"

Plötzlich ruft Juri: „Ich hab's:
Gleich ist Drachen-Fliegen.
Du wirst einfach mein Drachen!
So kannst du dir alles anschauen
und keiner kriegt Angst vor dir."

Ptera nickt begeistert.
Juri klemmt ihn unter seinen Arm.

Er geht in den Pausenhof.
Dort stehen schon viele Kinder
mit ihren Drachen.

Juri knotet vorsichtig
ein langes Seil an Pteras Hals.
„So hält dich keiner für echt!"

Der Wind bläst schwach.
Ein Drachen nach dem anderen
steigt langsam in die Lüfte.

Juri lässt Ptera los.
Wie eine Rakete saust er hoch.

45

Ptera schlägt Purzelbäume
und tanzt wild in der Luft.

Alle staunen über Juris Drachen.
Plötzlich schießt Ptera
wie ein Pfeil nach unten.

„Danke", raunt er Juri im Flug zu.
„Ich muss jetzt zurück!"
„Guten Flug", ruft Juri ihm hinterher
und lässt das Seil los.

Martin Klein

Eine Falle für den T-Rex

Mit Bildern von Jörg Hartmann

Inhalt

Gefährliches Spiel

Im Urzeit-Wald ist was los:
Auf der großen Lichtung
rasen drei Saurier
hin und her.

„Ich krieg euch!",
schnauft Brocken.
„Und dann fress ich euch!"

„Das schaffst du nie",
ruft Hörnchen.
„Lahm-Saurus Rex!",
lacht Quak.

Brocken stürzt los.
Aber Hörnchen und Quak
weichen geschickt aus.

„T-Rex ist ein dummes Tier!",
spottet Hörnchen.
„Er ist dort und ich bin hier!"

Brocken rappelt sich auf.
„Jetzt ist aber mal
einer von euch der T-Rex!"

„Kein Problem!"
Hörnchen reißt
das kleine Maul auf.

„Ich bin hungrig!",
brüllt der T-Rex.
„Und ich sehe mein Mittagessen!
Mit Nachtisch!"
Quak und Brocken
flüchten kichernd.
Hörnchen rennt hinterher.

Quak ist ein Entenschnabel,
Brocken ist ein Langhals
und Hörnchen ist
ein Dreihorn-Kind.

Im Dickicht hinter ihnen
raschelt Laub.
Schnelle Schritte nähern sich.
Die drei kleinen Saurier
bemerken es nicht.

Überfall

Zwei eiskalte Augen
tauchen auf.

Darunter blitzt ein Maul
mit scharfen Zähnen.
Velociraptor,
der „Schnelle Räuber",
greift an!

Quak schlägt Haken
und Hörnchen rettet sich
auf einen großen Stein.

Aber Brocken ist viel zu langsam.
Der Velociraptor
holt ihn sofort ein.

Brocken ist starr vor Schreck.
Er braucht Hilfe! Sofort!

Hörnchen springt los.
Er landet auf einem Ast
und kracht mit ihm zu Boden.

Ein Stein schnellt durch die Luft.
Der „Schnelle Räuber" kippt um.

„Gerettet", seufzt Brocken.

„Wie hast du das geschafft?"

„Keine Ahnung",

sagt Hörnchen verdutzt.

„Bloß weg hier!"

Die drei kleinen Saurier

verschwinden im Wald.

Stein + Ast + Stamm = Falle

„Spielen auf der großen Lichtung
ist streng verboten!",
schimpft Mama Dreihorn.

„Raubsaurier sehen euch
und halten euch für Schnitzel!",
brummt Opa Entenschnabel.
„Die Lichtung ist ab sofort
doppelt streng verboten!"

Hörnchen, Quak und Brocken
wollen keine Schnitzel sein.

Aber die Lichtung
ist der beste Spielplatz.
Außerdem wartet dort
ein Rätsel auf seine Lösung.

„Wieso bekam
der ‚Schnelle Räuber'
den Stein ab?", fragt Hörnchen.

„Was war mit dem Ast los?",
überlegt Quak.

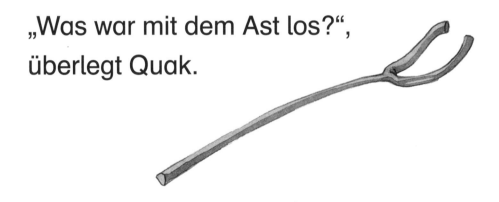

„Und woher kam der Stein?",
grübelt Brocken.

Die drei kleinen Saurier
werden immer neugieriger.
Und sie wollen
das Rätsel unbedingt lösen.

Heimlich kehren sie
zur Lichtung zurück.

Hörnchen, Quak und Brocken
haben Glück.
Der Velociraptor ist fort,
aber der Ast ist noch da.

Er liegt über
einem Baumstamm.
Ein Ende ragt in die Luft.
Am unteren Ende
ist eine Gabelung.

Die Freunde wiederholen,
was beim Überfall geschah.

Hörnchen klettert auf den Felsen
neben dem Stamm.

„Und hier lag der Stein."
Brocken stellt sich
auf das untere Ende des Astes.

Hörnchen springt
und Brocken hebt ab: „Huch!"
Er zischt durch die Luft
und landet im Farn.

„Ich bin ein Flugsaurier!",
ruft Brocken verdutzt.
„Das war Zauberei!"

„Nein, das war Hörnchen!",
jubelt Quak.
„Der ist noch stärker
als mein Papa!"

Hörnchens Augen leuchten.

„Es funktioniert!"

Er zeigt auf den Stein,

den Ast und den Stamm.

„Damit sind wir alle superstark!"

Immer wieder schleudern
die drei Freunde
sich abwechselnd hoch.
Das macht riesigen Spaß.

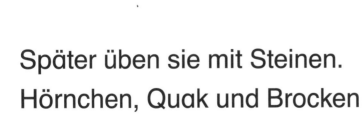

Später üben sie mit Steinen.
Hörnchen, Quak und Brocken
lernen sogar Zielen.

Schließlich haben sie
eine Idee.

Auf der Lichtung gibt es
viele große Steine,
umgestürzte Stämme
und lose Äste!

Genug für viele Flugspiele.
Aber auch genug
für viele Räuberfallen.

Die kleinen Saurier
brauchen Hilfe.
Sie laufen zu ihren Eltern.

Dino-Duell

„Kommt mit zur Lichtung!",
rufen Hörnchen, Quak und Brocken.
„Wir zeigen euch unsere Räuber-Falle!
Und dann bauen wir
ganz viele davon!"
Doch die großen Saurier
halten nichts von der Idee.

Aber die Kinder

lassen nicht locker.

Sie bitten und betteln und nerven.

Schließlich brummt

Opa Entenschnabel: „Na gut.

Damit ihr endlich Ruhe gebt!"

Die Saurier machen sich
auf den Weg zur Lichtung.
Die Eltern sind vorsichtig.
Aber Hörnchen, Quak und Brocken
rennen schon mal vor.

„Achtung!", ruft Hörnchen,
als die Eltern
die Lichtung erreichen.

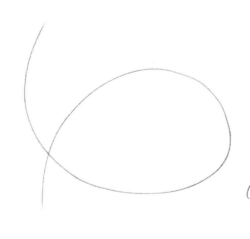

Quak springt
und Brocken fliegt.
Mit Salto!

Die großen Saurier staunen:
„Das ist Zauberei!"
„Nein!" Hörnchen lacht.
„Das kann jeder!"

Zum Glück sind Saurier
nicht nur bärenstark.
Saurier sind noch viel stärker.

Sie wälzen riesige Steine.

Sie rollen Baumstämme
und heben dicke Äste.

Endlich ist alles fertig.

Die Saurier machen sich bereit.

Sie warten gespannt.

Und dann hören sie das Gebrüll:

ROOAAR!

„Ich rieche
Schnitzel!"

KNURR!

Sträucher brechen um.
Bäume krachen zu Boden.

Der gefährlichste Dino
aller Zeiten
bricht durch das Dickicht.

Der Boden bebt
unter seinen stampfenden Füßen.
Er ist so groß wie ein Haus
und hat Zähne wie Dolche.
Der schreckliche T-Rex ist da!

Jetzt schnappt die Räuber-Falle zu.
Die Dinos springen alle zugleich.
Die Steine fliegen alle ins Ziel.

„Diese Schnitzel sind ja
steinhart!", japst der T-Rex.
Entsetzt flüchtet er
zurück in den Wald.

Jubel bricht los.
Der Urzeit-Wald bebt
gleich noch mal!
Die Saurier schmettern
ein großes Dino-Hurra!

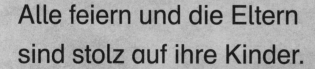

Alle feiern und die Eltern
sind stolz auf ihre Kinder.

Hörnchen, Quak und Brocken
zwinkern sich zu.
„Mal sehen, was Räuber-Fallen
noch alles können."

Leserabe Leserätsel

Rätsel 1

Dinosauriergeschichten

Welches Wort stimmt? Kreuze es an!

Leas Dino ist aus
- ○ Gummi
- ○ Glas
- ○ Gips

Nachdem alle Besucher gegangen sind, wird es im Museum …
- ○ stürmisch
- ○ still
- ○ staubig

Am nächsten Tag klettern die Dinosaurier wieder in ihre …
- ○ Bücher
- ○ Bäume
- ○ Bilder

Rätsel 2

Dinosauriergeschichten

Findest du die richtige Seite? Trage die Zahl ein!

Auf Seite ____ steht zwei Mal **Flugsaurier.**

Auf Seite ____ steht ein Mal **Pausenhof.**

Auf Seite ____ steht ein Mal **Purzelbäume.**

Welche Buchstaben fehlen im Raster?

Fülle die Kästchen aus!
Schreibe in Großbuchstaben: Dino → DINO

P

C

K

C H

Eine Falle für den T-Rex

Fülle die Lücken aus. Trage die Buchstaben in die richtigen Kästchen ein. So findest du das Lösungswort für die Rabenpost heraus!

Brocken ist ein

| L | | | ₃ | | ₁ | S |

. (Seite 57)

Auf der Lichtung wartet ein

| | Ä ₄ | | | L |

auf seine Lösung. (Seite 64)

Hörnchen springt und Brocken landet im

| | | R ₅ |

. (Seite 70)

Die Freunde lernen sogar

| Z ₂ | E | | | |

. (Seite 73)

Lösungswort:

| ₁ | ₂ | C | ₃ | ₄ | U | ₅ | G |

Rabenpost

Bitte frage deine Eltern!*

Herzlichen Glückwunsch!

Du hast das ganze Buch geschafft und die Rätsel gelöst, super!!!

Jetzt ist es Zeit für die Rabenpost.
Wenn du das Lösungswort herausgefunden hast, kannst du tolle Preise gewinnen, aber bitte frage vorher deine Eltern, ob du mitmachen darfst!

Das Lösungswort kannst du auf der Website eingeben: ▶ www.leserabe.de

oder mail es uns: ▶ leserabe@ravensburger.de

oder schick es mit der Post an:

Lösungswort:

An
den LESERABEN
RABENPOST
Postfach 2007
88190 Ravensburg
Deutschland

Ravensburger Bücher

Leserabe

Lesen lernen mit Spaß!

In drei Stufen vom Lesestarter zum Überflieger

1. Lese-stufe

ISBN 978-3-473-**36449**-7

ISBN 978-3-473-**36437**-4

ISBN 978-3-473-**36462**-6

2. Lese-stufe

ISBN 978-3-473-**36465**-7

ISBN 978-3-473-**36440**-4

ISBN 978-3-473-**36441**-1

3. Lese-stufe

ISBN 978-3-473-**36456**-5

ISBN 978-3-473-**36442**-8

ISBN 978-3-473-**36455**-8

www.leserabe.de

ERZ_15_007